Liebe Kinder,

auch Erwachsene machen manchmal Fehler...

Uns ist in diesem Heft ein Fehler passiert:

Auf Seite 51 über der Burg stehen 6 Wörter in einem blauen Feld.
Das Wort **Verließ** ist falsch geschrieben.
Es muss natürlich so geschrieben werden: **Verlies**.

Bitte verbessert unseren Fehler in euren Heften:

Entweder: **ß** einfach durchstreichen
und **s** daneben schreiben.
Oder das ganze Wort durchstreichen
und noch einmal richtig
daneben schreiben: **Verlies**

Jetzt ist alles richtig.
Wir danken euch für eure Hilfe!

Viele Grüße von allen,
die dieses Heft für euch gemacht haben

Teil 1

Geläufiger schreiben

Der frühe Vogel fängt den Wurm

1. Der frühe Vogel fängt den Wurm.

2.

3.

4.

Bitte drei Erwachsene, diesen Satz auf die Linie zu schreiben.

Bewerte die vier Schriften und kreise deine Auswahl ein.

Welche Schrift kannst du gut lesen?

1. 2. 3. 4.

Welche Schrift ist flüssig geschrieben?

1. 2. 3. 4.

Das übst du auf den nächsten Seiten:
mit deiner Schrift noch flüssiger schreiben und dabei gut leserlich schreiben.

Sekunden: _ _

Prüft die Rechtschreibung! Für jeden Fehler wird eine Sekunde dazu gerechnet.

Rechtschreibfehler: _ _

Sekunden insgesamt: _ _

Wie flüssig schreibst du heute?

Teste dich selbst:

Dein Partner oder deine Partnerin hat eine Uhr mit Sekundenzeiger.

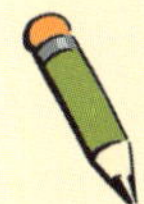

Bei „los“ schreibe **dreimal** den Satz von der linken Seite. Achte auch auf die Rechtschreibung! Wenn du fertig bist, merkt sich dein Partner die Sekunden.

Experiment 1

Schreibe das Sprichwort:

Der frühe Vogel fängt den Wurm.

Deine Schriftgröße

Schreibst du flüssiger in großer Schrift?
Oder schreibst du flüssiger in kleiner Schrift?

1. Große Schrift

2. Mittelgroße Schrift

3. **Kleine Schrift**

4. **Ganz kleine Schrift**

Wo hast du flüssig und mit Schwung geschrieben?

1. 2. 3. 4.

Welche Schrift ist gut lesbar?

1. 2. 3. 4.

Welche Schriftgröße ist für dich gut?

1. 2. 3. 4.

Bewerte deine Schrift und kreise deine Auswahl ein.

Experiment 2

Schreibe deinen Vornamen und deinen Nachnamen mit verschiedenen Schreibgeräten.

Dein Schreibgerät

Mit welchem Schreibgerät kannst du flüssig schreiben?
Probiere deine Schreibgeräte aus.

1. Schreibgerät

2. Schreibgerät

3. Schreibgerät

4. Schreibgerät

5. Schreibgerät

Wo hast du am flüssigsten geschrieben?

1. 2. 3. 4. 5.

Am besten schreibe ich mit:

Bewerte deine Schrift und kreise deine Auswahl ein.

Experiment 3

Schreibe den Vers in jeweils zwei Zeilen auf.

Dein Schreibtempo

In welchem Tempo kannst du flüssig und leserlich schreiben?

Der Vampir fliegt durch die Nacht.
Zum Glück ist er nur ausgedacht.

1. Schreibe den Vers ganz ganz langsam:

2. Schreibe den Vers jetzt etwas schneller:

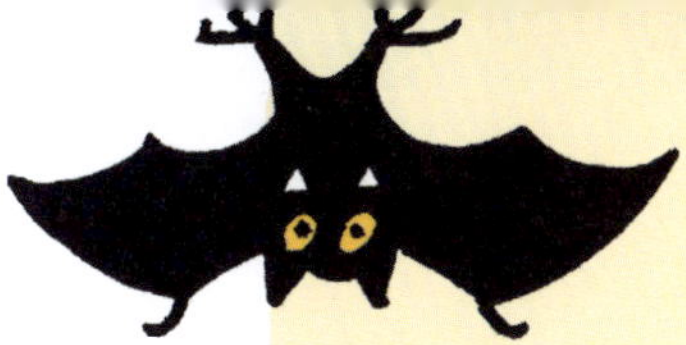

3. Schreibe den Vers schnell:

4. Schreibe den Vers so schnell du kannst:

Bei welchem Tempo konntest du flüssig und leserlich schreiben?

1. 2. 3. 4.

Bewerte deine Schrift und kreise deine Auswahl ein.

Training 1

Kurze Tier-Wörter schreiben

Schreibe jedes Wort **zweimal**. Die Wörter sollen auch richtig geschrieben sein.

Du hast 3 Minuten Zeit – danach aufhören!

der Esel

die Ente

die Amsel

der Hund

die Katze

die Spinne

der Löwe

der Tiger

die Maus ______________________________

das Pferd ______________________________

der Adler ______________________________

die Biene ______________________________

Streiche alle Wörter durch, die nicht gut leserlich sind.

Streiche dann auch alle Wörter mit Rechtschreibfehlern durch.

Wie viele Wörter hast du **gut leserlich und richtig** geschrieben?

____

Training 2

Lange Tier-Wörter schreiben

Schreibe jedes Wort **zweimal.** Die Wörter sollen auch richtig geschrieben sein.

Du hast 5 Minuten Zeit – danach aufhören!

der Elefant

die Giraffe

der Papagei

der Regenwurm

der Flamingo

der Seehund

der Leopard

der Eisbär

der Maikäfer

das Kaninchen

der Schäferhund

das Wildpferd

Streiche alle Wörter durch, die nicht gut leserlich sind.

Streiche dann auch alle Wörter mit Rechtschreib-fehlern durch.

Wie viele Wörter hast du **gut leser-lich und richtig** geschrieben?

Training 3

Schreibe jedes Wort **zweimal.** Die Wörter sollen auch richtig geschrieben sein.

Du hast 5 Minuten Zeit – danach aufhören!

Ess-Wörter schreiben

das Brot ______

die Wurst ______

die Salami ______

der Käse ______

der Salat ______

der Apfel ______

die Suppe ______

die Pommes ______

______

die Nudeln

die Möhren

die Butter

das Gemüse

Streiche alle Wörter durch, die nicht gut leserlich sind.

Streiche dann auch alle Wörter mit Rechtschreibfehlern durch.

Wie viele Wörter hast du **gut leserlich und richtig** geschrieben?

Training 4

Schreibe jeden Text **zweimal**. Die Wörter sollen auch richtig geschrieben sein.

Du hast 10 Minuten Zeit – danach aufhören!

Kurze Texte schreiben

Der Dackel läuft hin.
Der Dackel läuft her.
Es wackelt sein Schwanz.
Er freut sich sehr.

Der Hahn kräht
oben auf dem Mist.
Er meint, dass er der Größte ist.

Streiche alle Wörter durch, die nicht gut leserlich sind.

Streiche dann auch alle Wörter mit Rechtschreibfehlern durch.

Wie viele Wörter hast du **gut leserlich und richtig** geschrieben?

Kurze Texte schreiben

Schreibe jeden Text **zweimal.** Die Wörter sollen auch richtig geschrieben sein.

Du hast 20 Minuten Zeit – danach aufhören!

Ein Indianer schleicht umher.
Wo hat er nur die Federn her?

Hunde knurren, Katzen schnurren.

Ein Nilpferd schwimmt
bei uns im Zoo.
Es ist kein Pferd,
es heißt nur so.

weiter
geht's ...

Der Jäger sitzt in dem Versteck.
Er niest so laut. Das Reh ist weg.

Katzen kratzen mit den Tatzen.

Ein Bär ist braun – ein Bär ist weiß.
Der weiße Bär lebt auf dem Eis.

Streiche alle Wörter durch, die nicht gut leserlich sind.

Streiche dann auch alle Wörter mit Rechtschreibfehlern durch.

Wie viele Wörter hast du **gut leserlich und richtig** geschrieben?

Einen längeren Text schreiben

Schreibe den Text ab und achte auch auf die Rechtschreibung.

Du hast 10 Minuten Zeit – danach aufhören!

Ein Schatten im Keller

Paul soll eine Schüssel mit Kartoffeln

aus dem Keller holen.

Der Keller ist niedrig und dunkel.

Paul sucht den Lichtschalter.

Er knipst das Licht an.

Aber was ist das?

Da ist ein großer schwarzer Schatten.

Der Schatten bewegt sich hin und her.

Doch dann erkennt es Paul.

Da hängt nur ein alter Anzug

vor der Lampe.

Streiche alle Wörter durch, die nicht gut leserlich sind.

Streiche dann auch alle Wörter mit Rechtschreibfehlern durch.

Wie viele Wörter hast du **gut leserlich und richtig** geschrieben?

____

Einen längeren Text schreiben

Schreibe den Text ab und achte auch auf die Rechtschreibung.

Du hast 10 Minuten Zeit – danach aufhören!

Es war einmal ein Mädchen.

Das schlief schon hundert Jahre.

Da kam ein Schneider herein.

Der küsste das Mädchen

und das Mädchen wachte auf.

Der Schneider rief mit lauter Stimme:

„Ich habe sieben auf einen Streich geschafft.

Jetzt will ich dich zur Frau haben.“

Da bekam das Mädchen einen Schreck

und schlief sofort wieder ein.

Streiche alle Wörter durch, die nicht gut leserlich sind.

Streiche dann auch alle Wörter mit Rechtschreibfehlern durch.

Wie viele Wörter hast du **gut leserlich und richtig** geschrieben?

Abschlusstraining für mehrere Kinder

Lernt eines der kleinen Gedichte nebenan auswendig.

Schreibt es dann aus dem Kopf auf – möglichst flüssig und ohne Fehler.

Wer schafft das?

Ich will spielen,
schmusen, lachen.
Ich will auch mal
Unsinn machen.

Ein Vogel hat kein Fell,
dunkel ist nicht hell,
lila ist nicht blau.
Ich bin aber schlau.
Das weiß ich genau.

Alt ist nicht neu,
billig ist nicht teuer,
acht ist nicht neun,
Eis ist nicht Feuer.

Eins, zwei, drei,
buntes Osterei.
Das Osterei ist meins,
drei, zwei, eins.

Wie flüssig schreibst du jetzt? Teste dich selbst!

Der frühe Vogel fängt den Wurm.

Sekunden: _ _

Prüft die Rechtschreibung! Für jeden Fehler wird eine Sekunde dazu gerechnet.

Rechtschreibfehler: _ _

Sekunden insgesamt: _ _

Vergleiche mit deinem Ergebnis auf Seite 3. Was stellst du fest?

Dein Partner oder deine Partnerin hat eine Uhr mit Sekundenzeiger.

Bei „los“ schreibe den Satz **dreimal**.

Achte auch auf die Rechtschreibung!

Wenn du fertig bist, merkt sich dein Partner die Sekunden.

Schreibe ein paar Mal deinen Namen als Unterschrift – schnell, aber gut leserlich.
Frage ein anderes Kind, welche Unterschrift gut leserlich ist.

Teil 2

Mit Schrift gestalten

Wo findest du solche besonderen Buchstaben?

Wie sind die Buchstaben gestaltet?

Mit Farbe: ____________________

Mit anderem Material: ____________________

____

Mit Bild: ____________________

Mit Muster: ____________________

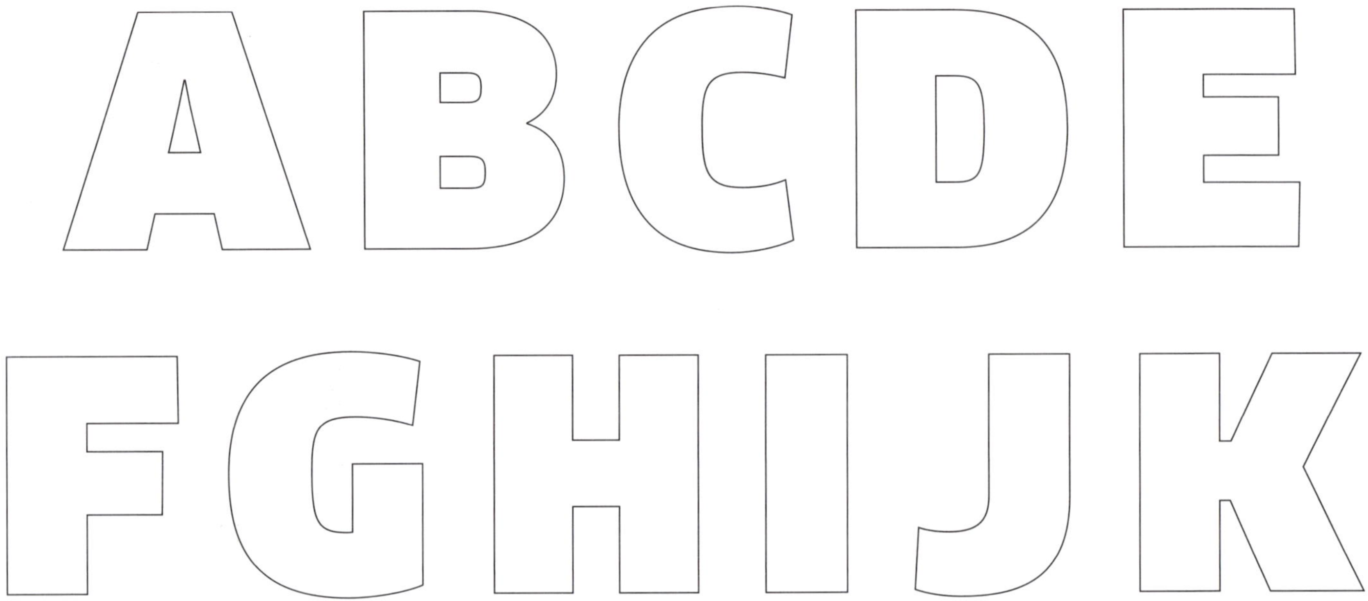

Du kannst die Buchstaben mit Farbe und Mustern selbst gestalten.
Auf Seite 30 und 31 findest du dazu ein paar Beispiele.

LMNOP

QRSTU

VWXYZ

Du kannst diese Buchstaben mit Farbe, Mustern oder mit Bildern gestalten. Die Buchstabenform muss aber noch klar erkennbar sein. Auf Seite 30 und 31 findest du dazu auch ein paar Beispiele.

L M N O P

Q R S T U

V W X Y Z

○ ja ○ nein

○ ja ○ nein

○ ja ○ nein

○ ja ○ nein

○ ja ○ nein

Einige Kinder haben hier schon einmal ihre Anfangsbuchstaben (Initialen) aufgemalt.
Weißt du immer, von wem sie sind? Kreuze oben an!

Melanie Walter · Mervin Bulat · Anna Brem · Simon Ten · Sydney Porter

Gestalte in dem Rahmen deine eigenen Anfangsbuchstaben.

○ ja ○ nein

○ ja ○ nein

○ ja ○ nein

○ ja ○ nein

○ ja ○ nein

○ ja ○ nein

○ ja ○ nein

○ ja ○ nein

Kannst du die Namen alle gut lesen? Kreuze oben an!

Gestalte in dem Rahmen deinen eigenen Vornamen.

Der gestiefelte Kater

Ein Müller hatte drei Söhne, seine Mühle, einen Esel und einen Kater. Die Söhne mussten mahlen, der Esel Getreide holen und Mehl forttragen und die Katz‘ die Mäuse wegfangen. Als der Müller starb, teilten sich die drei Söhne die Erbschaft. Der Älteste bekam die Mühle, der zweite den Esel, der dritte den Kater, weiter blieb nichts übrig ...

Die Lutkens

Zu Hoyerswerda gab es früher eine Menge Lutken, kleine Kerle mit großen Fledermausohren an den verschrumpelten Köpfchen. Diese Lutkens kamen oft zu meinem Großvater Laschke, um sich Küchengeräte von ihm auszuborgen ...

In Märchenbüchern sind oft die Anfangsbuchstaben (Initialen) besonders gestaltet. Hier sind zwei Märchenanfänge. Warum passen diese Initialen gut zu den Märchen?

Die Bremer Stadtmusikanten

in Mann hatte einen Esel, der lange Jahre unverdrossen die Säcke zur Mühle getragen hatte. Nun ließen aber seine Kräfte nach und er wurde immer untauglicher zur Arbeit. Da gönnte ihm sein Herr das Futter nicht mehr und er dachte daran, ihn aus dem Weg zu schaffen. Der Esel lief fort und machte sich auf den Weg nach Bremen ...

Das tapfere Schneiderlein

n einem Sommermorgen saß ein Schneiderlein auf seinem Tisch am Fenster und nähte. Da kam eine Bauersfrau die Straße entlang und rief: „Süßes Mus zu verkaufen, süßes Mus zu verkaufen!“ Das hört sich gar nicht schlecht an, dachte das Schneiderlein, streckte seinen Kopf zum Fenster hinaus und sagte: „Hier herauf, liebe Frau, hier wird sie ihre Ware los!“...

Welche Anfangsbuchstaben fehlen? Gestalte sie passend zu den Märchen.

Text aus:
„Kalle Blomquist“ von Astrid Lindgren

lut, daran ist nicht zu zweifeln!“ Er starrte durch das Vergrößerungsglas auf den roten Fleck. Dann schob er die Pfeife in den anderen Mundwinkel und seufzte. Natürlich war es Blut. Was war denn auch sonst schon zu sehen, wenn man sich in den Daumen geschnitten hatte?

Text aus:
„Pünktchen und Anton“ von Erich Kästner

ls Herr Direktor Pogge mittags heimkam, blieb er wie angewurzelt stehen und starrte entgeistert ins Wohnzimer. Dort stand nämlich Pünktchen, seine Tochter, mit dem Gesicht zur Wand. Sie streckte der silbern tapezierten Wand beide Arme entgegen, knickste und sagte mit zitternder Stimme: „Streichhölzer, kaufen Sie Streichhölzer, meine Herrschaften!“

Welche Anfangsbuchstaben fehlen? Gestalte sie passend zum jeweiligen Text.

Text aus:
„Der kleine dicke Ritter“ von Robert Bolt

or sehr langer Zeit, als es noch böse, feuerspeiende Drachen gab, wohnte ein Herzog mit all seinen Rittern in einem großen Schloss im Ostwesten. In dieser Gegend waren bisher die Drachen besonders frech und gefährlich gewesen.

Text aus:
„Das kleine Gespenst“ von Otfried Preußler

uf Burg Eulenstein hauste seit uralten Zeiten ein kleines Gespenst. Es war eines jener harmlosen kleinen Nachtgespenster, die niemandem etwas zuleide tun – außer man ärgert sie.

Welche Anfangsbuchstaben fehlen? Gestalte sie passend zum jeweiligen Text.

Sonne

Blitz

Regen

Donner

Wörter kann man auch mit Schrift schreiben und malen. Oben siehst du zwei Beispiele.

Wolke

Regenbogen

Nebel

Sturm

Gestalte die anderen Wetterwörter auch so!

Suche sechs Wörter aus und gestalte sie auch als Bildwörter: mit Schrift geschrieben und gemalt.

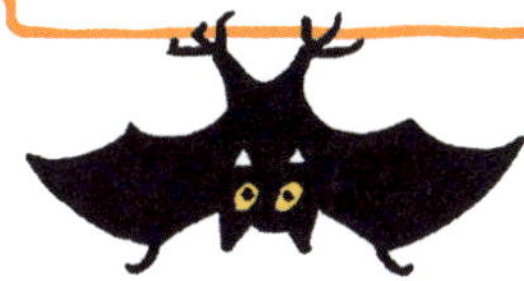

Eis · Pirat · Pony · Schiff · Gespenst · Liebe · Musik · Schloss

Die Pommes frites wurden in Belgien erfunden – vor 160 Jahren. Damals haben die Leute gern kleine fingerlange Fische gegessen, die in Öl knusprig gebraten wurden. Aber dann kam ein harter Winter. Bäche, Flüsse und Seen waren zugefroren und Fische konnten nicht mehr gefangen werden.

Da hatte ein schlauer Wirt eine Idee: Aus rohen Kartoffeln schnitt er kleine Stäbchen, so groß wie die kleinen Fische. Die warf er in heißes Öl und bereitete sie so zu, wie sonst die kleinen Fische.

Das schmeckte den Leuten gut. Die in Öl gebratenen Kartoffelstäbchen waren bald beliebter als die kleinen Fische ...

Beim Text fehlt die Überschrift **„Wie die Pommes erfunden wurden“**.
Gestalte die Überschrift passend zum Text!

Der Trick ist das kurze Röhrchen mit einigen Schlitzen am Rand.
Das Röhrchen befindet sich direkt hinter der Tubenöffnung.

In der Fabrik wird zuerst ein wenig farbige Creme in die Tube gefüllt.
Danach kommt die weiße Creme hinein.

Drückt man vor dem Zähneputzen auf die Tube, dann wird die weiße Creme mitten durch das Röhrchen geschoben und die farbige Creme durch die Schlitze.

Bevor die Creme herauskommt, legen sich die farbigen Streifen um die weiße Creme.

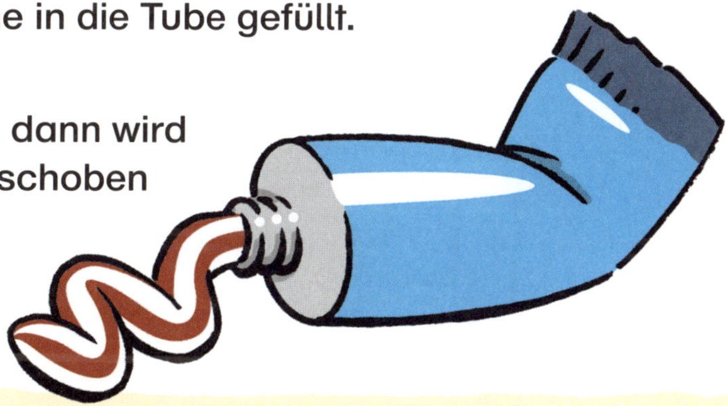

Beim Text fehlt die Überschrift **„Wie die Streifen in die Zahnpasta kommen“**.
Gestalte die Überschrift passend zum Text!

Schule
Kind
lernen

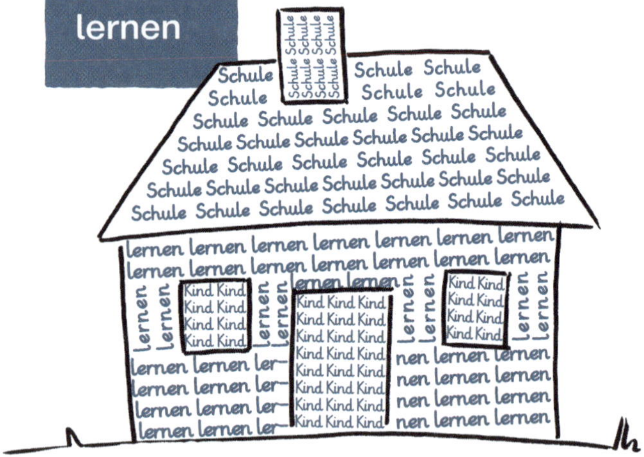

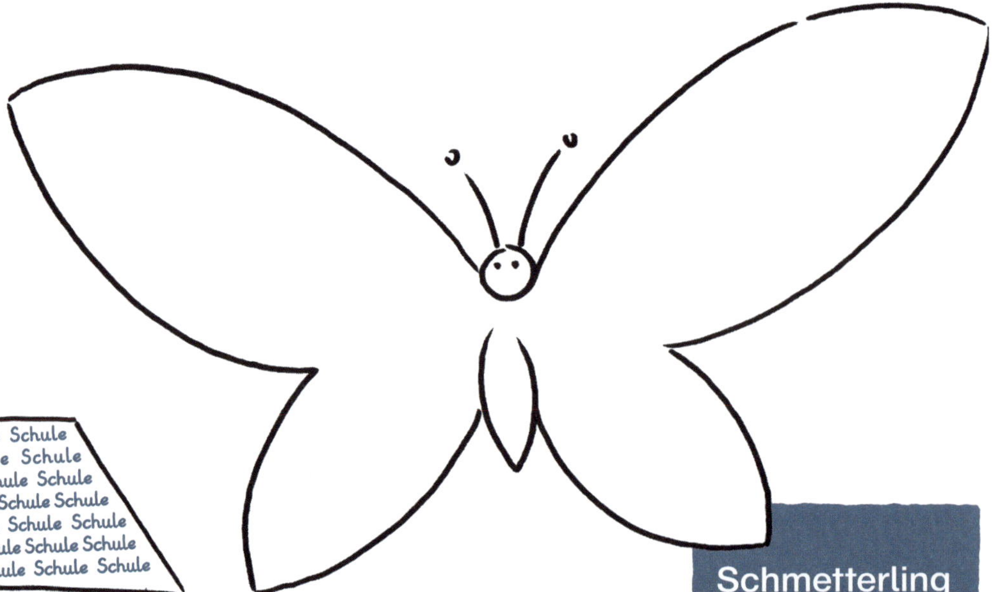

Schmetterling
flattern
Flügel
Raupe
Blüte
?

Fülle die Bilder wie im Beispiel ganz mit den dazu passenden Wörtern aus.

Vampir
Blut
Zähne
Nacht
?

Burg
Ritter
Verließ
Knappe
Zinne
Pferd
?

Die Schlange

Ich Schlange schlüpfe durch die Welt
ohne Füße, ohne Hände.
Und da, wo ich am dünnsten bin,
dort bin ich zu Ende.

Josef Guggenmos

Schreibe das Gedicht in deiner schönsten Schrift. Du kannst das Wort **Schlange** besonders gestalten.

Schreibe das Gedicht in die Schlange hinein.

Meine Adresse

Vorname
und Name: ________________________________

Straße und
Hausnummer: ________________________________

Postleitzahl
und Ort: ________________________________

Die Postleitzahl kannst du auch im
Internet herausbekommen:

www.das-oertliche.de

Auf Briefe und Ansichtskarten gehört eine Adresse.
Sie muss so sein, dass die Post Brief oder Karte auch richtig zustellen kann.

Schreibe deine Adresse oben auf.

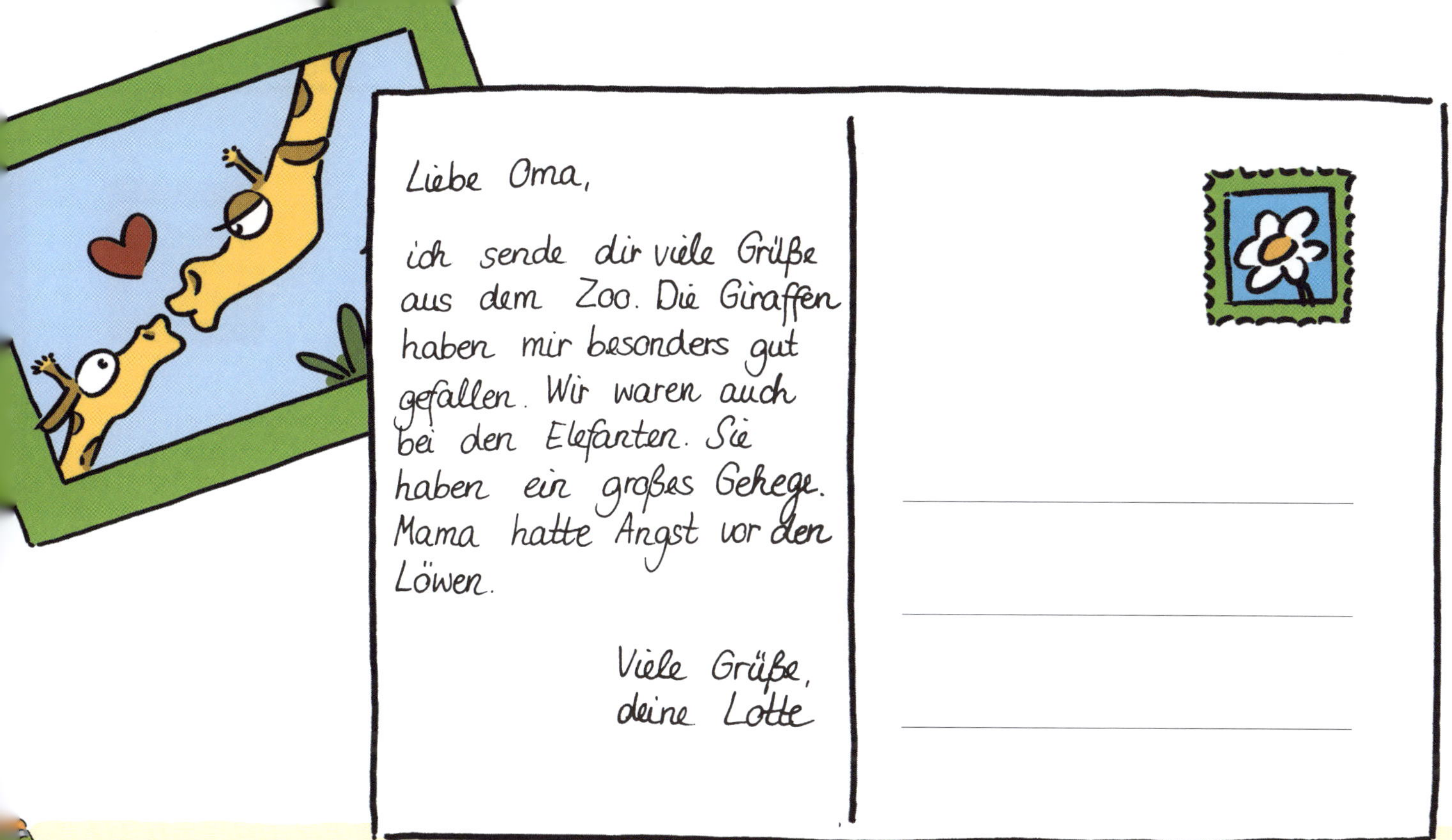

Oben siehst du eine Karte aus dem Zoo. Lotte hat sie für ihre Oma geschrieben.
Nun muss noch die Adresse richtig dazu geschrieben werden.

Lottes Oma heißt **Maria Holl**. Sie wohnt in **Berlin** auf der **Sonnenallee 17**.
Die Postleitzahl für Omas Anschrift ist **12047**.

Peter Schmitz ist der **Absender.**
Er wohnt in Köln in der Eintrachtstraße Nummer 18.
Die Postleitzahl ist 50668.

Er will einen Brief an seinen Freund Ole Hansen in Hamburg schreiben. Die Adresse seines Brieffreundes hat er sich notiert: Heimhuder Straße 66, in 20148 Hamburg.

__________ Schmitz

Eintrachtstraße __________

50668 __________

Ole __________

__________ 66

__________ Hamburg

Ergänze die fehlenden Angaben!

Fülle den Briefumschlag aus:
mit deiner Anschrift als Absender, mit der Anschrift eines Kindes aus deiner Klasse als Adresse.

für Papa
von Pia
Für Ralf
von Gabo
an Oma
von Leo
Für MADITA
von MoiRA

Dies sind einige Beispiele für **Verschenk-Texte**, andere findest du noch auf der nächsten Seite.
An wen möchtest du einen Verschenk-Text schreiben?

Danke für die schönen Fotos.

Entschuldigung, dass ich mein Zimmer nicht aufgeräumt habe.

Wir sind Freunde. Das ist schön!

Werde bald wieder gesund!

Du hast mir Schach beigebracht. Danke!

Nicht mehr böse sein. Ich hab dich lieb!

Herzlichen Glückwunsch zum Geburtstag.

Hier kannst du auch selbst einen Verschenk-Text schreiben.

An wen? ____________________

Dein Text: ____________________

____

hier knicken!

Für wen? Von wem?

Bild malen!

Dein Verschenktext

So wird dein Verschenk-Text zum Verschenk-Brief:

1. Schneide auf Seite 61 an der Schneidelinie aus.
2. Knicke das Blatt an der Knicklinie. Vorne steht, wer den Verschenk-Text bekommt. Innen stehen Bild und Text.
3. Besorge dir einen Briefumschlag und beschrifte ihn. Sieh auf Seite 57 nach, wie du das richtig machen musst.
4. Stecke den Verschenk-Text in den Briefumschlag.
5. Briefumschlag zukleben, Briefmarke an der richtigen Stelle draufkleben.
6. Ab die Post!

Wähle dein Lieblingswort. Gestalte das Wort mit besonderen Buchstaben.